essentials

Essentials liefern aktuelles Wissen in konzentrierter Form. Die Essenz dessen, worauf es als „State-of-the-Art" in der gegenwärtigen Fachdiskussion oder in der Praxis ankommt, komplett mit Zusammenfassung und aktuellen Literaturhinweisen. Essentials informieren schnell, unkompliziert und verständlich

- als Einführung in ein aktuelles Thema aus Ihrem Fachgebiet
- als Einstieg in ein für Sie noch unbekanntes Themenfeld
- als Einblick, um zum Thema mitreden zu können.

Die Bücher in elektronischer und gedruckter Form bringen das Expertenwissen von Springer-Fachautoren kompakt zur Darstellung. Sie sind besonders für die Nutzung als eBook auf Tablet-PCs, eBook-Readern und Smartphones geeignet.

Essenttials: Wissensbausteine aus Wirtschaft und Gesellschaft, Medizin, Psychologie und Gesundheitsberufen, Technik und Naturwissenschaften. Von renommierten Autoren der Verlagsmarken Springer Gabler, Springer VS, Springer Medizin, Springer Spektrum, Springer Vieweg und Springer Psychologie.

Karin von Schumann · Tamaris Böttcher

Coaching als Führungsstil

Eine Einführung für Führungskräfte, Personalentwickler und Berater

Dr. Karin von Schumann
München
Deutschland

Tamaris Böttcher
Olching
Deutschland

ISSN 2197-6708
essentials
ISBN 978-3-658-13022-0
DOI 10.1007/978-3-658-13023-7

ISSN 2197-6716 (electronic)

ISBN 978-3-658-13023-7 (eBook)

Die Deutsche Nationalbibliothek verzeichnet diese Publikation in der Deutschen Nationalbibliografie; detaillierte bibliografische Daten sind im Internet über http://dnb.d-nb.de abrufbar.

Springer
© Springer Fachmedien Wiesbaden 2016

Gedruckt auf säurefreiem und chlorfrei gebleichtem Papier

Springer Fachmedien Wiesbaden ist Teil der Fachverlagsgruppe Springer Science+Business Media
(www.springer.com)

Was Sie in diesem Essential finden können

- Wissenschaftliche Grundlagen von Coaching als Führungsstil
- Voraussetzungen und Rahmenbedingungen für ein gelungenes Coaching
- Zentrale Coachingkompetenzen für Sie als Führungskraft

Vorwort

Coaching durch die Führungskraft ist und bleibt ein spannendes und zukunftsträchtiges Thema. Welche Coachingkompetenzen benötigt eine Führungskraft? Mit dieser Frage haben wir uns in unserem Beitrag „Führen mit Coachingkompetenz", erschienen in der Handbuchreihe „Eigenschaften und Kompetenzen von Führungspersönlichkeiten. Band 3" (Hrsg. Prof. Dr. Corinna von Au) auseinandergesetzt. Wir freuen uns daher besonders, dieses Thema im vorliegenden Essential „Coaching als Führungsstil" erneut für den Springer Verlag aufgreifen und erweitern zu können.

München, den 1.3.2016
Dr. Karin von Schumann
Tamaris Böttcher

Inhaltsverzeichnis

Coaching ist heute ein Sammelbegriff für unterschiedlichste Dienstleistungen und Beratungsmethoden. Im Folgenden wird unter Coaching eine Beratung verstanden, in welcher der Coach keine direkten Lösungsvorschläge liefert, sondern die Entwicklung eigener Lösungen begleitet.

Coaching befindet sich im Aufwind, denn diese Form der individuellen Beratung passt in unsere Zeit und unsere Kultur. In unserem individualistischen Lebensmodell haben wir die Freiheit und die Verantwortung, immer mehr Fragen der Lebensführung selbst zu entscheiden, uns selbst zu verwirklichen und lebenslang zu lernen. Ratgeber (Bücher, Foren), Weiterbildungen und eben auch Coachingangebote sind hierzu hochwillkommen.

Wenn wir den Blick auf den Businesskontext fokussieren, ist ein Wertewandel in den Arbeitshaltungen unübersehbar. Die Präferenzen haben sich verschoben, weg von „weniger Arbeit" oder „höherem Einkommen", hin zu „abwechslungsreichen Tätigkeiten" und „eigenverantwortlichem Handeln". Die Generation Y, die jetzt zunehmend in Arbeitswelt prägt, verkörpert diesen Wertewandel perfekt, wenngleich dieser keineswegs auf die Zielgruppe der nach 1980 Geborenen beschränkt ist: Hohe Erwartungen und Ansprüche an den Job, gepaart mit dem Wunsch nach persönlicher Weiterentwicklung und wertschätzendem Feedback charakterisieren den Wissensarbeiter jeden Alters.

Nicht nur die Arbeitshaltung hat sich gewandelt, nahezu alle Bereiche der Arbeitswelt stehen unter dem Vorzeichen „Change": technologische Innovationen, Komplexität der Produkterstellung, Serviceorientierung und immer komplexere Organisationsstrukturen – all das wirkt in dieselbe Richtung. Daraus resultiert ein veränderter und hoher Anspruch an Führungskräfte im Hinblick auf Kommunikation, aber auch Entwicklung und Förderung ihrer Mitarbeiter. Führungskräfte können immer weniger rein aus dem hierarchischen Bezug heraus führen, sondern müssen vielmehr durch ihre Persönlichkeit überzeugen. Viele Führungskräfte

© Springer Fachmedien Wiesbaden 2016

1

K. von Schumann, T. Böttcher, *Coaching als Führungsstil*, essentials,
DOI 10.1007/978-3-658-13023-7_1

lassen sich für diese anspruchsvolle Aufgabe von professionellen Coaches begleiten – das ist die eine Seite des Coachingbooms. Gleichzeitig wird deutlich, dass
ein coachender Führungsstil gefragt ist, um die Leistungsfähigkeit und Selbstverantwortung der Mitarbeiter zu fördern und ihre Potenziale systematisch und individuell zu entwickeln.

Coaching im Sinne dieses entwicklungsorientierten Führungsstils gelangte in
den USA schon sehr früh in den Bereich der Management- und Personalentwicklung. In Deutschland wurde das Coaching durch den Vorgesetzten zunächst sehr
kritisch betrachtet. Aufgrund kultureller Unterschiede sei es nicht auf unseren Führungsalltag übertragbar (vgl. Rauen 2014). Inzwischen ist Coaching als Führungsstil auch im deutschsprachigen Raum allgemein akzeptiert und gilt als aktivstes
und effizientestes Führungsverhalten. Immer noch kontrovers diskutiert wird die
Frage, ob die Führungskraft bei bestimmten Themen und Anlässen zielorientierte
Coachingprozesse für einzelne Mitarbeiter aufsetzen und begleiten kann. Hier wird
insbesondere das Argument ins Feld geführt, dass bestimmte Aspekte der Führungsrolle nicht oder nur schwer mit der Rolle des Coaches vereinbar, Rollenunklarheit bzw. Interessenskonflikte daher vorprogrammiert, seien. Dem ist entgegen
zu halten, dass ein zeitgemäßes Führungsverständnis eben gerade die Fähigkeit,
flexibel zwischen verschiedenen Rollen und Perspektiven zu wechseln, erfordert.
Coaching durch die Führungskraft ist anspruchsvoll, aber erforderlich und – die
gute Nachricht – erlernbar und trainierbar.

Führungsstiltheorie und Coaching

2

2.1 Full Range of Leadership

Coaching als Führungsstil stellt die individuelle Berücksichtigung und Förderung der Mitarbeiter in den Vordergrund. Welche Vorteile bietet diese Art der Führung? Welche anderen positiven Verhaltensweisen sollte eine Führungskraft ausprobieren? Antworten auf diese Fragen lassen sich im Rahmen der *Full Range of Leadership Theory* (vgl. Bass 1985; Bass und Avolio 1994) finden. Dieses weithin akzeptierte Modell stellt das Verhalten von Führungskräften in den Mittelpunkt und erlaubt eine Einordnung der Thematik „Führen mit Coachingkompetenz" in einen intensiv beforschten und somit empirisch fundierten Rahmen.

Nach der Full Range of Leadership Theory gibt es effektives und weniger effektives, aktives und passives Führungsverhalten und diese Verhaltensweisen werden unterschiedlichen Führungsstilen zugeordnet. Eine Führungskraft kann nach der Full Range of Leadership Theory *drei Führungsstile* nutzen: *Transformationale Führung, Transaktionale Führung* und *Laissez-faire.* Je nach Situation kann dabei die ganze Bandbreite genutzt werden. Von Laissez-faire bis zur individuellen Förderung ist alles dabei (vgl. Abb. 2.1):

Am unteren Ende der Skala befindet sich die „Nicht-Führung". Die Führungskraft lässt ihre Mitarbeiter einfach machen und tritt weitgehend passiv auf. Diese Laissez-faire Führung führt zu Problemen: Entscheidungen werden zu spät getroffen, Aufgaben nicht erledigt und die Mitarbeiter können tun und lassen, was sie wollen (vgl. Felfe und Goihl 2002).

Die sogenannte transaktionale Führung, in der Mitte des Kontinuums beschreibt einen Austauschprozess: Gibst du mir einen positiven Rahmen, Gehalt und konkrete Aufgaben, gebe ich dir Leistung. Die Führungskraft stellt hauptsächlich den reibungslosen Ablauf und die Einhaltung von Qualitätsstandards sicher. Es reicht vom Eingreifen, wenn Fehler bereits passiert sind, über das aktive Eingreifen bei

© Springer Fachmedien Wiesbaden 2016

K. von Schumann, T. Böttcher, *Coaching als Führungsstil,* essentials,

DOI 10.1007/978-3-658-13023-7_2

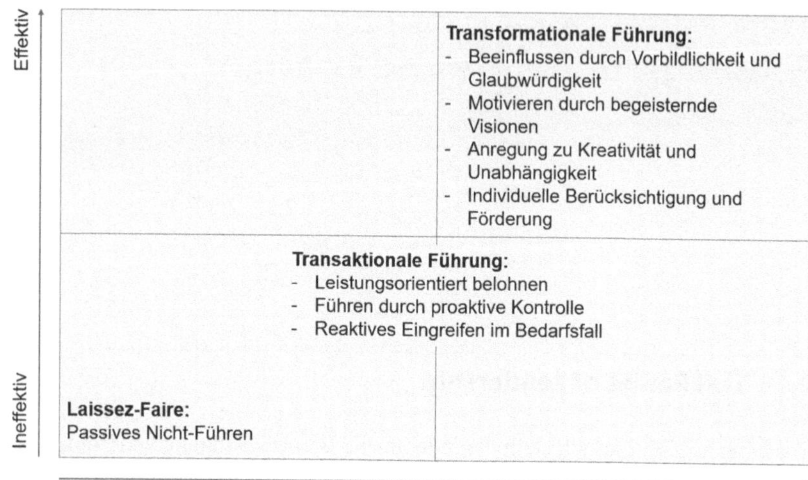

Abb. 2.1 Subdimensionen des Full Range of Leadership Modells. (Bass und Avolio 1994, S. 5. Nach eigener Darstellung)

Fehlern bis hin zur effektiven leistungsorientierten Belohnung mit transparenten Zielen. In dieser ökonomischen Herangehensweise spielen Emotionen keine besondere Rolle. Doch auch so ein Verhältnis kann sehr zufriedenstellend und effektiv sein – auch wenn Dörr (2006) herausfand, dass die Motivation des Mitarbeiters durch das obere Ende der Skala, stärker beeinflusst wird. Nach dem sogenannten Augmentationseffekt (vgl. Goihl 2003) hat die transaktionale Führung eine durchaus wichtige Bedeutung: Ein effektiver und sachlicher Umgang mit Aufgaben, der auf Belohnung basiert, ist eine lohnenswerte Ergänzung zu den besonders effektiven und aktiven Verhaltensweisen. Die Effekte der transformationalen Führung werden so verstärkt.

Das obere Ende der Skala bildet die transformationale Führung – dies ist sozusagen die hohe Kunst der Führung. Im Gegensatz zum passiven Nicht-Führen und dem sachlichen Austauschen setzt die transformationale Führung auf Emotionen: Sie versucht, das Selbstwertgefühl und die Selbstwirksamkeit des Mitarbeiters zu erhöhen. Die Führungskraft will ihre Mitarbeiter transformieren und sie so als ganze Menschen in ihren Bedürfnissen, Ansprüchen und Motiven beeinflussen. Die Mitarbeiter sollen wissen, wofür sie arbeiten, denn dann wird es Ihnen leichter fallen, die eigenen Interessen zurückzustellen. Sie arbeiten für ein höheres Ziel und ihre Führungskraft lebt ihnen diese Vision vor. Die Führungskraft kommuniziert dabei die Ziele und Ergebnisse transparent und sorgt dafür, dass diese auch erreichbar sind.

Solch eine Führungskraft begreift sich selbst als Veränderer und Visionär; sie hinterfragt Gegebenes und überzeugt andere von ihren Visionen. Die Mitarbeiter sind dabei nicht nur Statisten, sondern werden aktiv einbezogen, ihre Wünsche und Ideen werden berücksichtigt und ihnen wird Vertrauen entgegengebracht. Wer transformational führt, legt auch Wert auf den Menschen: ein Klima der Weiterentwicklung und des persönlichen Wachstums stehen im Mittelpunkt (vgl. Felfe 2006).

Doch natürlich ist Führungskraft nicht gleich Führungskraft. Jeder bringt eigene Kompetenzen mit und lebt die Verhaltensweisen unterschiedlich. Doch die Mehrheit der transformationalen Führungskräfte lässt sich recht gut erkennen: Sie verfügen über ein großes Selbstvertrauen, schließlich müssen sie die eigenen moralischen Überzeugungen vertreten und eine Quelle der Inspiration für ihre Mitarbeiter sein. Sie werden häufig als charismatisch beschrieben und haben kein Problem damit, sich auch einmal unkonventionell zu verhalten. Obgleich sie nach Macht streben, missbrauchen sie diese nicht. Es gibt jedoch keinen Grund, aufgrund dieser Beschreibung zu verzagen: Die Forschung hat gezeigt, dass transformationale Führung erlernbar und trainierbar ist (vgl. Dvir et al. 2002).

> Denken Sie an Ihre eigene Führung und werfen Sie noch einmal einen Blick auf die aktiven und effektiven aber auch die passiven und ineffektiven Verhaltensweisen. Nehmen Sie sich einen Moment Zeit und überlegen Sie für sich:
> - Welche der Dimensionen gelingen mir gut? Wo kann ich noch an mir arbeiten?
> - Welche der Dimensionen sollte ich aktiver angehen? Welche lieber zurückstellen?
> - Wo würde ich meinen Führungsstil einordnen?
> - In welchen Situationen bevorzuge ich transformationale Führung? Wann möchte ich lieber transaktional Führen?

Transformationale Führung ist tatsächlich einer der am meisten beforschten Führungsstile überhaupt. Seitdem das Konzept auf den „Markt" kam, erfreut es sich in Forschung und Praxis ungebrochener Beliebtheit. Warum das so ist, lässt sich leicht beantworten: Kein anderer Führungsstil verfügt über derart viele positive Konsequenzen – für den Führenden, die Mitarbeiter aber auch das gesamte Unternehmen. Wirtschaftlich interessante Erfolgskriterien wie Leistung und Produktivität, Wachstum, Markt und Kundenausschöpfung oder Verkaufserfolg spielen eine wichtige Rolle bei der Entscheidung, in transformationale Führung zu investieren (Yukl 2002). Aber auch die etwas „softeren Faktoren" das Commitment des

Mitarbeiters und sein Engagement werden positiv beeinflusst. Der eindrucksvolle Effekt von transformationaler Führung lässt sich am besten durch eine Meta-Analyse belegen. Dafür führten die Forscher Judge und Piccolo (2004) 87 Studien mit über 626 untersuchten Zusammenhängen an. Die Ergebnisse kommen also der „Wahrheit" schon ziemlich nahe. Über all diese Studien ergaben sich positive Zusammenhänge beispielsweise für die Arbeitszufriedenheit und die Motivation der Geführten aber auch für die Zufriedenheit mit der Führungskraft und deren wahrgenommene Effektivität. Transformational führen lohnt sich also: Neben der allgemeinen Zufriedenheit, wird man selbst als transformationaler Führer besser eingeschätzt und dürfte auch mit der eigenen Arbeit zufriedener sein – wer führt nicht gern motivierte und zufriedene Mitarbeiter, die auch noch viel leisten?

Was diese leisten können, wurde in einem Lehrforschungsprojekt an der Maximilians in Bezug auf das innovative Arbeitsverhalten untersucht (Woschée et al. 2015). Innovation ist einer der Schlüsselfaktoren für Unternehmen, um in der Wirtschaft bestehen zu können. Dabei werden neue Ideen nicht nur von kreativen Individuen erdacht, sondern auch umgesetzt. In der Studie, die insgesamt 184 Mitarbeiter auf 38 Teams zu ihren innovativen Verhaltensweisen und der Einschätzung ihrer eigenen Führungskraft sowie des Teamklimas befragte, war schnell ersichtlich, dass die Führungskraft vor allem auf ebendiese Umsetzung einen großen Einfluss hat. Schaffe ich als Führungskraft das richtige Klima, lebe ich Visionen vor und gebe Raum für Fehler und neue Ideen, Eigenschaften einer transformationalen Führungskraft, kann ich sowohl mein ganzes Team als auch jeden Einzelnen ansprechen und neue innovative Ideen für meine Firma umsetzen.

> ► Unternehmenserfolg – was letztlich zählt ist aber nicht nur der zufriedene Mitarbeiter, der hoch motiviert zur Arbeit kommt, sondern auch die harten Zahlen, die den wirtschaftlichen Erfolg schwarz auf weiß sichtbar machen.
>
> Doch auch hier hat transformationale Führung einiges zu bieten. Die Forscherin Felicitas Morhart und ihre Kollegen (2012) sprechen in ihrer Forschung über den Dominoeffekt der Führung. Denn viele Führungskräfte wissen gar nicht, dass sich ihr Verhalten nicht nur auf die Mitarbeiter sondern auch auf deren Kunden auswirkt. Das Ergebnis ihrer Studie mit insgesamt 517 Kunden von 265 Finanzberatern und deren 111 Führungskräften überrascht: Selbst wenn der Manager den Kunden nie zu Gesicht bekommen hat, hat der transformationale Führungsstil einen positiven Effekt auf das Verhältnis zwischen den eigenen Mitarbeitern und den Kunden. Die Kunden waren signifikant zufriedener, kooperativer und auch loyaler zum Unternehmen, wenn die Führungskraft ihres

Kundenbetreuers transformational – nicht transaktional – führte. Der Grund dafür liegt in der partnerschaftlichen Beziehung, die der Berater zu seinem Kunden aufbaut. Denn transformationale Führer regen eine Atmosphäre an, in der die Mitarbeiter Partner sind, die eigene Entscheidungen treffen, einer Vision folgen, die das Wohl des Kunden in den Mittelpunkt stellt und die geistige Weiterentwicklung des Mitarbeiters in den Vordergrund rückt. Das bedeutet nachhaltige Führung.

2.2 Verortung von Coaching in der Transformationalen Führung

Im besonders aktiven und effizienten Bereich finden sich die Verhaltensweisen der transformationalen Führung. Die sogenannten „Vier I's" machen die Transformationale Führung aus (vgl. Tab. 2.1):

Tab. 2.1 Die Vier I's der Transformationalen Führung (vgl. Dörr 2006; Felfe 2006).

Einfluss durch Vorbildlichkeit und Glaubwürdigkeit	*Motivation durch begeisternde Visionen*
Die Führungskraft wird als *Vorbild* akzeptiert, denn sie folgt moralischen Standards und baut ein Vertrauensverhältnis auf. *Glaubwürdigkeit und Klarheit* erreicht sie durch das Zurückstellen eigener Ziele und das Eingehen persönlicher Risiken. Die Mitarbeiter identifizieren sich mit der Führungskraft und ahmen sie nach. Die hohen Erwartungen, die die Führungskraft an ihre Mitarbeiter stellt, lebt sie vor und erfüllt sie – nach *ethischen und moralischen Maßstäben* – selbst	Durch *überzeugende Visionen* begeistert die Führungskraft und weckt den Optimismus, dass diese erfüllt werden können. So können die Visionen der Führungskraft mit den Anforderungen des Alltags zusammengebracht werden. *Ziele und Werte* werden vorgelebt und betont, so dass der Teamgeist steigt und die Mitarbeiter ihre Energie auf diese richten
Anregung zu kreativem und unabhängigem Denken	*Individuelle Berücksichtigung und Förderung*
Die Führungskraft regt ihre Mitarbeiter zu *innovativem Denken und dem Hinterfragen* vorhandener Prozesse und Verhaltensweisen an. Die *Erprobung neuer Lösungen* führt dazu, dass sich der Mitarbeiter ernst genommen fühlt und seine Selbstständigkeit gefördert wird	Als *Coach* und Mentor erkennt die Führungskraft, den Wunsch der eigenen Mitarbeiter nach Wachstum, Leistung und *Weiterentwicklung*. Der Mitarbeiter fühlt sich verstanden und akzeptiert. Denn die Führungskraft versucht, ihn individuell und systematisch zu fördern und seine Potenziale zu nutzen

Coaching als Führungsstil findet sich in der *Individuellen Förderung* wieder. Die coachende Führungskraft fördert ihre Mitarbeiter gezielt. Die Führungskraft sollte versuchen, auf Augenhöhe zu kommunizieren und effektiv zuzuhören. In der *Full Range of Leadership* wird die individuelle Förderung äußerst positiv bewertet. Die Führungskraft übernimmt hier verschiedene Aufgaben (vgl. Wang und Howell 2010):

- Sie hilft dem Mitarbeiter, die eigenen Stärken zu entwickeln,
- Sie schlägt Trainings zur Verbesserung der eigenen Fähigkeiten vor,
- Sie ermöglicht Erfahrungen zur Weiterentwicklung und
- Sie gibt aktiv Feedback.

Auch die *Intellektuelle Stimulierung* lässt sich in vielerlei Hinsicht mit der eines Coaches verbinden. Das Anregen neuer Verhaltensweisen, das Hinterfragen und Erproben neuer Lösungen sind ein essenzieller Bestandteil des Coachings.

Doch die ideale Führungskraft gibt es nicht. Jeder Mensch bewegt sich auf einem Kontinuum der verschiedenen Subdimensionen. Möchten Sie wissen, welche Verhaltensweisen bei Ihnen als Führungskraft besonders ausgeprägt sind? Dabei soll die anschließende Selbsteinschätzung helfen. Bewerten Sie die folgenden Aussagen in Bezug auf ihre Rolle als Führungskraft und in der Interaktion mit ihren Mitarbeitern (vgl. Tab. 2.2).

Tab. 2.2 Selbsteinschätzung Führungsstile Full Range of Leadership (eigener Fragebogen, basierend auf Bass und Avolio 1990/1995, Felfe und Goihl 2001)

		Nie	Selten	Hin und wieder	Oft	Regel-mäßig
		1	2	3	4	5
1	Ich spreche mit meinen Mitarbeitern über meine wichtigsten Überzeugungen und Werte					
2	Ich äußere mich gegenüber meinen Mitarbeitern optimistisch über die Zukunft					
3	Ich überprüfe stets aufs Neue, ob zentrale Annahmen bei der Erledigung von Aufgaben noch angemessen sind					
4	Ich verbringe Zeit mit der Führung und damit, meinen Mitarbeitern etwas beizubringen					

Tab. 2.2 (Fortsetzung)

		Nie	Selten	Hin und wieder	Oft	Regel-mäßig
		1	2	3	4	5
5	Ich biete meinen Mitarbeitern, im Gegenzug für ihre Anstrengungen, meine Hilfe an					
6	Ich konzentriere mich überwiegend auf Unregelmäßigkeiten, Fehler, Ausnahmen und Abweichungen von Vorschriften					
7	Ich kümmere mich nicht um Fehler, bis diese wirklich ernst geworden sind					
8	Ich mache meinen Mitarbeitern klar, wie wichtig es ist, sich 100 %ig für eine Sache einzusetzen					
9	Ich spreche mit meinen Mitarbeitern mit Begeisterung über das, was erreicht werden soll					
10	Ich suche bei der Lösung von Problemen nach unterschiedlichen Perspektiven					
11	Ich berücksichtige die Individualität meiner Mitarbeiter und behandle sie entsprechend					
12	Ich mache deutlich, wer für bestimmte Leistungen verantwortlich ist					
13	Ich kümmere mich in erster Linie um Fehler und Beschwerden					
14	Ich warte bis etwas schiefgegangen ist, bevor ich eingreife					
15	Ich berücksichtige die moralischen und ethischen Konsequenzen meiner Entscheidungen					
16	Ich formuliere eine für meine Mitarbeiter überzeugende Zukunftsvision					
17	Ich bringe meine Mitarbeiter dazu, Probleme aus verschiedenen Blickwinkeln zu betrachten					
18	Ich erkenne die individuellen Bedürfnisse, Fähigkeiten und Ziele meiner Mitarbeiter					

Tab. 2.2 (Fortsetzung)

		Nie	Selten	Hin und wieder	Oft	Regelmäßig
		1	2	3	4	5
19	Ich spreche klar aus, was meine Mitarbeiter erwarten können, wenn die gesteckten Ziele erreicht worden sind					
20	Ich verfolge alle Fehler konsequent					
21	Ich bin fest davon überzeugt, dass man ohne Not nichts ändern kann					
22	Ich betone die Wichtigkeit von Teamgeist und einem gemeinsamen Aufgabenverständnis					
23	Ich habe großes Vertrauen, dass die gesteckten Ziele von meinen Mitarbeitern erreicht werden					
24	Ich schlage neue Wege vor, wie meine Mitarbeiter Aufgaben/Aufträge bearbeiten können					
25	Ich helfe meinen Mitarbeitern dabei, ihre Stärken auszubauen					
26	Ich zeige meine Zufriedenheit, wenn andere meine Erwartungen erfüllen					
27	Ich mache meine Mitarbeiter auf Fehler aufmerksam, damit die Anforderungen erfüllt werden					
28	Ich vertrete die Ansicht, dass Probleme erst wiederholt auftreten müssen, bevor man handeln sollte					

Zur Auswertung der Führungsdimensionen addieren Sie bitte die folgenden Nummern:

Führungsdimension	Nr.	Summe	Interpretation
Einfluss durch Vorbildlichkeit und Glaubwürdigkeit	1, 8, 15, 22		0–7 geringe Ausprägung 7–14 mittlere Ausprägung 14–20 hohe Ausprägung
Motivation durch begeisternde Visionen	2, 9, 16, 23		
Anregung zu kreativem und unabhängigem Denken	3, 10, 17, 24		
Individuelle Berücksichtigung und Förderung	4, 11, 18, 25		
Leistungsorientierte Belohnung	5, 12, 19, 26		
Führung durch proaktive Kontrolle	6, 13, 20, 27		
Reaktives Eingreifen im Bedarfsfall	7, 14, 21, 28		

2.3 Coaching in der Theorie der emotionalen Führung

Der amerikanische Journalist und Psychologe Daniel Goleman hat das Konzept der „Emotionalen Intelligenz" im Rahmen seines gleichnamigen, 1995 veröffentlichten Buches populär gemacht. Unter Emotionaler Intelligenz versteht man die Fähigkeit, eigene und fremde Gefühle wahrzunehmen, zu versehen und zu beeinflussen. Goleman sieht darin eine wichtige Voraussetzung für erfolgreiche oder, wie er es nennt, resonante Führung (Goleman 2002). Das Konzept von Goleman ist zwar empirisch keineswegs überzeugend fundiert (vgl. Landy 2006; Matthews et al. 2007), hat sich aber dennoch in der freien Wirtschaft durchgesetzt und soll deshalb an dieser Stelle nicht unerwähnt bleiben. Auch betont es den Stellenwert, den die Fähigkeit zum positiven Beziehungsaufbau für das Gelingen von Coachingprozessen hat (siehe hierzu auch 4.2.).

Durch Empathie und emotionale Intelligenz können resonante Führungskräfte die Emotionen ihrer Mitarbeiter aufnehmen, mit ihnen auf der „selben Wellenlänge" schwingen und dadurch positive emotionale Stimmungen, also „Resonanz" erzeugen. Je nach Situation wechseln sie zwischen sechs Führungsstilen, oft ohne sich dessen bewusst zu sein, hin und her. Vier dieser Stile (visionär, coachend, gefühlsorientiert und demokratisch) sollen jene Art von Resonanz erzeugen, die die Leistung steigert, während zwei weitere (fordernd und befehlend) nur mit Vorsicht anzuwenden sind. Im Kasten *Die Führungsstile im Überblick* finden Sie eine Übersicht zu den verschiedenen Führungsstilen.

Persönliche Gespräche mit den Mitarbeitern, das Erkennen von individuellen Stärken und Schwächen und deren Verbindung zu den beruflichen Zielen und Vorstellungen sind Teil des Coachenden Führungsstils. Das Coaching bezieht sich also auf die persönliche Entwicklung von Mitarbeitern und nicht auf die Bewältigung konkreter Aufgaben. In der Theorie der emotionalen Führung bewirkt es neben positiven emotionalen Reaktionen auch bessere Ergebnisse. Im persönlichen Gespräch werden Vertrauen und Bindung aufgebaut. Mitarbeiter und Führungskraft stehen in einem laufenden Austausch. Zeigt die Führungskraft echtes, persönliches Interesse an der Weiterentwicklung, können Mitarbeiter leistungsbezogenes Feedback besser aufnehmen. So können die individuellen Ziele des Mitarbeiters mit denen der Organisation in Einklang gebracht und ein positives Klima geschaffen werden. Ist die Situation also angemessen, den Coachenden Führungsstil zu zeigen, hat dies zahlreiche Vorteile für das Unternehmen und die Effizienz der Führung und den Mitarbeiter selbst (vgl. Goleman 2002).

▶ DIE FÜHRUNGSSTILE IM ÜBERBLICK – nach D. Goleman, 2002
   VISIONÄR
      Erzeugung von Resonanz: Verwirklichung gemeinsamer Träume
      Wirkung auf das Klima: äußerst positiv

Anwendung: wenn aufgrund von Veränderungen eine neue Vision erforderlich ist oder eine klare Richtung gebraucht wird

COACHED

Erzeugung von Resonanz: bringt individuelle Ziele mit den Zielen der Organisation in Einklang

Wirkung auf das Klima: sehr positiv

Anwendung: durch gezielte Förderung der Fähigkeiten eines Mitarbeiters seine Leistung verbessern

GEFÜHLSORIENTIERT

Erzeugung von Resonanz: verbindet Menschen miteinander und schafft dadurch Harmonie

Wirkung auf das Klima: positiv

Anwendung: um gespaltene Teams zu vereinen, in stressigen Zeiten zu motivieren oder Verbindungen zu stärken

DEMOKRATISCH

Erzeugung von Resonanz: Wertschätzung für den Beitrag der Mitarbeiter, bewirkt Engagement durch Einbeziehung

Wirkung auf das Klima: positiv

Anwendung: um Zustimmung oder einen Konsens zu erreichen oder wertvolle Beiträge von Mitarbeitern zu sammeln

FORDERND

Erzeugung von Resonanz: Erreichung interessanter herausfordernder Ziele

Wirkung auf das Klima: da oft falsch eingesetzt, häufig sehr negativ

Anwendung: um mit einem hoch motivierten kompetenten Team herausragende Ergebnisse zu erzielen

BEFEHLEND

Erzeugung von Resonanz: gibt in Notsituationen eine klare Richtung vor und verringert dadurch Angst und Unsicherheit

Wirkung auf das Klima: da oft missbraucht, häufig sehr negativ

Anwendung: in Krisen, um eine Kehrtwende in Gang zu bringen, mit problematischen Mitarbeitern

3.1 Gelebte Kooperations- und Partizipationskultur

Coaching durch die Führungskraft muss in die Organisation passen und mit der gelebten Kultur vereinbar sein. Kultur bildet sich überall da, wo Menschen über einen längeren Zeitraum zusammenleben oder arbeiten. Die Organisationskultur hat als sogenannter „weicher Faktor" einen erheblichen Einfluss auf den Unternehmenserfolg (Gregory et al. 2009). Sie besteht aus Regeln formaler Art (z. B. Informationsweitergabe durch kaskadierte Regelbesprechungen) wie auch informelle Normen (z. B. „Tischkultur" – man geht immer im Team in die Kantine). Die Unternehmenskultur bestimmt den Führungsstil und hat Auswirkungen auf die Art des praktizierten Führungsverhaltens, gleichzeitig wirkt das gelebte Führungsverhalten auf die Unternehmenskultur zurück. Im Zentrum einer jeden Organisationskultur stehen Werte wie beispielsweise die Beteiligung an Führungsentscheidungen. Nur wenn eine Kooperations- und Partizipationskultur herrscht, ist ein ausreichendes Maß an Offenheit und Vertrauen in der Führungsbeziehung gegeben und damit Coaching durch die Führungskraft überhaupt möglich. Eine wenig ausgeprägte Kontrollkultur und flache Hierarchien sind ebenfalls günstige organisationale Voraussetzungen (vgl. Spreitzer 1995).

Fallbeispiel

Susanne B. ist promovierte Wirtschaftsingenieurin und hat in den 8 Jahren ihrer Berufstätigkeit stets Förderung und Entwicklung durch ihre Vorgesetzten erfahren. So fungierte ihr erster Chef als Zweitbetreuer ihrer Dissertation, nahm sich viel Zeit und gewährte ihr umfassende Unterstützung. Ihr Abteilungsleiter coachte sie im Hinblick auf ihre berufliche Entwicklung, bestätigte ihr Führungspotenzial und machte sie zu seiner Stellvertreterin. Da sich auf absehbare

© Springer Fachmedien Wiesbaden 2016
K. von Schumann, T. Böttcher, *Coaching als Führungsstil,* essentials,
DOI 10.1007/978-3-658-13023-7_3

Zeit keine konkrete Perspektive im Unternehmen für Susanne auftat, sagte sie ja, als ein Zulieferunternehmen ihr eine interessante Führungsposition anbot. Ihr Vorgesetzter stand ihr auch nach ihrem Ausscheiden als Mentor zur Verfügung. „Das hat mir viel geholfen", sagt Susanne. „In meiner neuen Rolle wollte ich natürlich meine Mitarbeiter von Anfang an individuell fördern, so wie ich es selbst erlebt hatte. Allerdings musste ich feststellen, dass sie nicht einmal Teammeetings kannten und die Einzelrücksprachen, die ich jedem einstellte, beängstigend und als Kontrolle empfanden. Gott sei Dank hat mein Mentor mich von meiner Idee abgebracht, gleich mit jedem Teammitglied einen Entwicklungsplan aufzustellen, das hätte alle wirklich überfordert. Auf sein Anraten habe ich einen Teamworkshop auf einer Berghütte durchgeführt, mit gemeinsamer Wanderung. Dabei hat das Team mich kennengelernt, gemerkt, dass ich ganz bodenständig bin und meine Offenheit wirklich ernst gemeint und ohne Hintergedanken ist. Ich habe dabei auch erfahren, dass sie bislang mit Vorgesetzten echt schlechte Erfahrungen gemacht haben und muss jetzt das Vertrauen einfach wachsen lassen. Inzwischen klappt es mit den Einzelgesprächen aber schon ganz gut, die Mitarbeiter trauen sich immer mehr, mir offen zu sagen, was sie brauchen. Aber als ich sie nach ihren Fortbildungswünschen für das nächste Jahr gefragt habe, war das wieder so ein Aha-Erlebnis. Sie waren es gewohnt, auf Seminare geschickt zu werden, die der Chef für sie ausgesucht hat… Es wird noch einige Zeit dauern, bis ich als Coach meines Teams tätig werden kann, aber Geduld ist ja auch eine wichtige Führungseigenschaft…" (lacht).

3.2 Positives Coachingverständnis und etabliertes Talentmanagement

In mehr und mehr Unternehmen ist die Entwicklung eines positiven Coachingverständnisses zu beobachten. Diese Entwicklung beflügelt inzwischen auch Coaching als Führungsstil. Professionelles Coaching wird heute kaum noch als „Reparaturmaßnahme für Problemfälle" gesehen, sondern in erster Linie Leistungs- und Potenzialträgern zur Verfügung gestellt (Schwittalla et al. 2010). Viele Vorgesetzte haben selbst von der Arbeit mit einem Coach profitiert und können und wollen diese wertvolle Erfahrung auch ihren Mitarbeitern ermöglichen. Sie haben erfahren, wie Coachinggespräche geführt werden und können einschätzen, ob und in welchem Umfang sie selbst als Coach fungieren können.

Wichtiger Baustein einer positiven Coachingkultur ist die Verzahnung von Coaching mit einem strukturierten Talentmanagementprogramm. Talentmanagment wird mehr zum entscheidenden Wettbewerbsfaktor (Stichwort "war for talents") und hier ergeben sich wichtige Ansatzpunkte für einen coachenden Führungsstil.

So ist es häufig die Aufgabe des Vorgesetzten, die richtigen Mitarbeiter für Entwicklungsmaßnahmen, wie etwa ein Developmentcenter, zu identifizieren. Nichts ist schädlicher für die erfolgreiche Etablierung, gute Durchführung und für die Akzeptanz der Ergebnisse, als Kandidaten, die vom Chef frei nach dem Motto geschickt werden: „Damit ihnen endlich mal ein Profi sagt, dass sie nie eine Führungskraft werden". Ein Vorgesetzter, der sich als Coach seiner Mitarbeiter versteht, wird nicht nur in der Lage sein, diese zu den für sie passenden Fördermaßnahmen zu entsenden, sondern auch offen zu besprechen, wenn sie (noch) nicht für einen entsprechenden Entwicklungsschritt in Frage kommen.

Der zweite Ansatzpunkt für Coaching durch die Führungskraft sind die Entwicklungsfelder, die im Rahmen von Entwicklungs- oder Potenzialanalyseverfahren deutlich werden. Die Ergebnisse, beispielsweise eines 360 Grad Feedbacks werden bei professioneller Durchführung mit dem Vorgesetzten geteilt, nicht selten moderiert durch die zuständigen Personalentwickler. Hierbei lassen sich hervorragend konkrete Entwicklungsziele vereinbaren. Je nach Art der Zielsetzung wird entschieden, ob als Prozessbegleiter entweder ein Mitglied des in aller Regel vorhandenen Pools externer Coaches, ein interner Coach oder eben der Vorgesetzte selbst am besten geeignet erscheint.

3.3 Professionelle Prozessgestaltung

Coaching zeichnet sich zwar durch ein individuelles, auf die Bedürfnisse des Coachees zugeschnittenes Vorgehen aus, dennoch gibt es Qualitätsstandards im Hinblick auf die Gestaltung des Coachingprozesses (vgl. von Schumann und Steininger 2005). Eine klare und transparente Prozessgestaltung hat beim Mitarbeitercoaching – aufgrund der Rollenproblematik und des Abhängigkeitsverhältnisses zwischen Führungskraft und Mitarbeiter – eine noch höhere Bedeutung als bei einem Coaching durch einen externen Coach. Ist die Rollenabgrenzung „Führungskraft – Coach" (vgl. auch 4.1.) nicht klar, kann dies zu starken Verunsicherungen des Mitarbeiters führen. Muss der Mitarbeiter befürchten, dass Erkenntnisse aus dem Coachingprozess in die Bewertung durch die Führungskraft einfließen und damit u. U. negative Konsequenzen hinsichtlich der weiteren Karriereentwicklung zu erwarten sind, kann das Coaching nicht erfolgreich verlaufen.

Eine Zielvereinbarung, an die sich sowohl Coach als auch Coachee gebunden fühlen, ist Bestandteil professioneller Coachingprozesse und darf auch bei einem Coaching durch die Führungskraft nicht fehlen (vgl. von Schumann 2014). Do's und Dont's, also Spielregeln der Zusammenarbeit, sind vor Beginn des Coachings zu besprechen und zu vereinbaren. Insbesondere muss geklärt werden, wie mit vertraulichen Informationen umgegangen wird.

Coaching ist eine zeitlich befristetet Beratung, Begleitung und Entwicklung des Mitarbeiters mit dem Ziel, diesen zu selbstständigerem Handeln zu befähigen (vgl. Rauen 2014). Umfang und Setting des Coachings sind zu klären und sollten sich realistisch am Zeitbudget beider Beteiligten, insbesondere des Vorgesetzten orientieren. In vielen Fällen erweist es sich als praktikabel und auch ausreichend, einen gewissen Teil der regelmäßigen Jour Fixes dem Coaching zu widmen und/oder im Anschluss an definierte und für das Coachingziel relevante Anlässe (z. B. Kundengespräche, Präsentationen, Meetings) ein zeitnahes Feedback zu vereinbaren und durchzuführen.

Eine Transfer- und damit Erfolgskontrolle ist im Coaching durch den Vorgesetzten aufgrund des gemeinsamen Arbeitsumfelds in der Regel problemlos möglich. Dennoch sollte auf eine Evaluation durch Bestimmung des Zielerreichungsgrades und damit einen definierten und qualitativ hochwertigen Coachingabschluss nicht verzichtet werden.

> **Vorteile des Coachings durch die Führungskraft** Sind die notwendigen Rahmenbedingungen gegeben, weist das Coaching durch den Vorgesetzten eine ganze Reihe von Vorteilen auf (vgl. Rauen 2014). Die Führungskraft kennt die Arbeitssituation und das Umfeld des Mitarbeiters genau und hat Erfahrung in der Zusammenarbeit mit dem Mitarbeiter. Dies ermöglicht ein rasches Eingehen auf die Ist-Situation und ein konkretes Definieren der Coachingziele. Diese Nähe zum Mitarbeiter ist insbesondere bei Coachingbedarfen, die fachliche und methodische Kompetenzen betreffen, von Vorteil. Sie kann aber auch bei Themen, welche die Zusammenarbeit des Mitarbeiters mit Kollegen oder Prozesspartnern betreffen, hilfreich sein. Ist ein Coachingbedarf erkannt, kann das Coaching durch den Vorgesetzten ohne Zeitverzögerung starten, während Auswahl, Beauftragung und Briefing eines externen Coaches in der Praxis nicht selten viele Wochen in Anspruch nehmen. Ein weiterer Vorteil zeigt sich bei der Evaluation der Coachingziele, da Entwicklungs- und Lernfortschritte – ebenso wie mögliche Fehlentwicklungen – vom Vorgesetzten unmittelbar im Arbeitsalltag beobachtet und rückgemeldet werden können. Wird das Coaching engagiert und verantwortungsbewusst durchgeführt, kann dies die Beziehung zum Mitarbeiter stärken und auch nach Abschluss des Coachingprozesses ein vertrauensvolles und offenes Miteinander ermöglichen.

Coachingkompetenzen von Führungskräften 4

4.1 Rollenklarheit und Rollenflexibilität

„Wenn ich Coachinggespräche führe, habe ich immer erst mal Schwierigkeiten, einfach nur zuzuhören, mir und dem Mitarbeiter Zeit zu lassen und vor allem nicht gleich Lösungen parat zu haben. Genau die Dinge, die meine Stärken als Manager sind, Effizienz, Entscheidungsstärke und Durchsetzungswillen, führen hier nicht zum Ziel. Das ist mir schon klar, nur fehlt mir der Schalter, den ich umlegen könnte, um in den Coachingmodus zu kommen." (Marc P., Teilnehmer eines Coachingseminars für Führungskräfte).

Der Vorgesetzte im „Coachingmodus" pflegt einen partnerschaftlichen Kommunikationsstil und vertraut darauf, dass der Mitarbeiter über das Potenzial zur eigenständigen Problemlösung verfügt und lediglich Hilfe zur Selbsthilfe benötigt. Diese Haltung einzunehmen, ist für viele Führungskräfte keineswegs trivial, steht sie doch im Gegensatz zum „Macher und Manager", der Probleme unverzüglich selbst anpackt und zu „eigenen" Lösungen und Entscheidungen kommt. Ein erster Lösungsschritt besteht in der Reflexion dieser unterschiedlichen Rollenanforderungen, wie es der Seminarteilnehmer Marc P. getan hat, um dadurch mehr Rollenklarheit zu erreichen.

Wie der Überblick in Tab. 4.1 deutlich macht, sind die Anforderungen und Erwartungen, die mit der Führungs- bzw. Coachrolle verbunden sind, in zentralen Aspekten diametral entgegengesetzt.

Erst die Flexibilität, zwischen diesen unterschiedlichen Rollen zu wechseln, ermöglicht es der Führungskraft, als Coach wirksam zu sein. Für die coachende Führungskraft und mindestens ebenso für den gecoachten Mitarbeiter kann es hilfreich sein, den Rollenwechsel mit Hilfe von Übergangsritualen deutlich zu machen. Mit Übergangsritualen sind Strategien gemeint, die die Bewegung von einer zur anderen Rolle erleichtern und auch verdeutlichen (Ashforth et al. 2000).

© Springer Fachmedien Wiesbaden 2016
K. von Schumann, T. Böttcher, *Coaching als Führungsstil*, essentials,
DOI 10.1007/978-3-658-13023-7_4

Tab. 4.1 Coaching versus Führung (Niehaus 2004, S. 1).

Coaching	Versus	Führung
Neutralität		Beurteilungen
Freiwilligkeit		Weisungsbefugnis
Eigene Ziele und Anliegen		Unternehmensziele
Gleiche Augenhöhe		Hierarchie

Diese Abgrenzungs- und Integrationsstrategien können kommunikativer, räumlich-gegenständlicher oder auch zeitlicher Natur sein. So kann man etwa eine kurze Pause einlegen oder gemeinsam mit dem Mitarbeiter einen Kaffee trinken, bevor die Coachingsession gestartet wird. Ebenfalls bewährt hat es sich, einen Raum- oder Platzwechsel mit dem Rollenwechsel zu verbinden. Manche Führungskräfte reservieren sich bestimmte Zeiten, z. B. die letzte halbe Stunde, bevor sie das Büro verlassen. In dieser Zeit steht ihre Tür offen, sie legen vielleicht noch ihre Anzug- oder Kostümjacke ab und die Mitarbeiter wissen, dass sie jetzt ohne Termin mit persönlichen Anliegen vorbeikommen können.

In der Literatur werden vielfach *typische Probleme*, die mit sozialen Rollen verbunden sind, thematisiert (vgl. Schaper 2011, Nerdinger 2008). Die für coachende Führungskräfte relevanten Problemstellungen werden im Folgenden skizziert:

Rollenambiguität entsteht, wenn die Rollenanforderungen unklar sind oder nicht verstanden werden, so dass die Person ihre Rolle nicht angemessen realisieren kann. Dies ist z. B. der Fall, wenn die Führungskraft zu wenige oder widersprüchliche Informationen darüber besitzt, welche Erwartungen an sie als Coach gestellt werden. Wird in Organisationen Coaching durch die Führungskraft durchgeführt bzw. Coaching als Führungsstil propagiert, ist es ungemein hilfreich, die damit verbundenen Erwartungen, z. B. im Rahmen des Führungsleitbildes zu definieren und zu kommunizieren. Trainings, die die Chance bieten, die – vielfach ungewohnten – Erwartungen an die Coachrolle für sich zu reflektieren und sich selbst in dieser Rolle zu erproben, geben zusätzliche Sicherheit und Klarheit.

Rollenkonflikte entstehen, wenn die Führungskraft sich in der Rolle als disziplinarischer Vorgesetzter und als coachende Führungskraft Anforderungen gegenübersieht, die unvereinbar sind. Rollenkonflikte führen zu subjektivem Unwohlsein und dem Gefühl, es eigentlich nur falsch machen zu können. Coachende Führungskräfte sollten vor allem zwei Formen möglicher Rollenkonflikte erkennen und handhaben können: Den Inter-Sender-Konflikt und den Inter-Rollen-Konflikt. Ein *Inter-Sender-Konflikt* liegt vor, wenn von zwei Rollensendern unvereinbare Forderungen an den Rollenträger, also die coachende Führungskraft, gestellt werden. Die Führungskraft wird beispielsweise von der Unternehmensleitung (Rollensender 1) dazu aufgefordert, den Mitarbeiter für ein Projekt ins

Ausland zu entsenden. Im Coaching äußert der Mitarbeiter (Rollensender 2), dass er aufgrund seiner derzeitigen persönlichen Situation keine Veränderung wünscht. Von einem *Inter-Rollenkonflikt* spricht man, wenn ein Rollenträger verschiedene, miteinander unvereinbare Rollen zu erfüllen hat. Ein Beispiel hierfür wäre die Situation einer Führungskraft, die kurzfristig die Gelegenheit erhält, vor einem hochkarätigen Gremium zu präsentieren, die Vorbereitungszeit hierfür sich jedoch mit einer angesetzten Mitarbeiter-Coaching-Session überschneidet. Selbstverständlich lassen sich diese Konflikte nicht gänzlich vermeiden und sind im Grunde eine Sonderform der für Führungskräfte charakteristischen Sandwichposition zwischen Unternehmensinteressen und Mitarbeiterbedürfnissen.

4.2 Authentizität und transparente Beziehungsgestaltung

Authentizität gilt als wichtige Eigenschaft guter Führungskräfte. Nach aktuellen Studien der Akademie der Wirtschaft (vgl. Gläsgen 2015) bewerten Mitarbeiter diese durchgängig höher als Fachkompetenz, Einfühlungsvermögen oder Belastbarkeit. Doch was bedeutet Authentizität in der Führungsrolle? Als eine wesentliche Voraussetzung authentischer Führung gilt Self-Awareness (Walumba et al. 2008). Darunter versteht man den Prozess, die eigenen Stärken und Schwächen tiefergehend zu verstehen und dabei das eigene Selbst-Konzept durch das Einfordern und Annehmen von Feedback (siehe hierzu auch 5.3.) und den Einfluss anderer Personen weiterzuentwickeln. Es geht mit anderen Worten darum, die eigenen „blinden Flecken" zu reduzieren und Selbstbild und Fremdwahrnehmung möglichst gut in Einklang zu bringen. Weiterhin lässt sich die authentische Führungskraft durch innere moralische Standards und Werte leiten und handelt danach. Diese als „internalisierte moralische Perspektive" bezeichnete Komponente authentischer Führung ist der vielleicht entscheidende Aspekt: In der Führungsrolle gilt es – natürlich – die Erwartungen der Mitarbeiter, Prozesspartner, Kunden und nicht zuletzt die der Vorgesetzten zu erfüllen. Sind diese Rollenerwartungen mit den eigenen inneren Werten vereinbar, wird Authentizität erlebt und Glaubwürdigkeit ausgestrahlt. Authentisch führen bedeutet also keineswegs, um jeden Preis offen und ehrlich zu sein und steht nicht im Widerspruch dazu, sich auch taktisch verhalten zu können, solange man dabei seinen zentralen Werten treu bleiben kann.

Durch die Präsentation des eigenen authentischen Selbst entsteht Transparenz in der Beziehung zwischen Mitarbeiter und Führungskraft. Authentische Führungskräfte drücken ihre Gedanken und Gefühle aus und vermitteln damit Glaubwürdigkeit und erzeugen Vertrauen. Dies ist für den Coachingerfolg unabdingbar. Im professionellen Coaching ist die zentrale Bedeutung der Beziehung zwischen

Coach und Coachee empirisch klar belegt. In einer groß angelegten Befragung von Coaches und Klienten konnten die Psychologen Jansen, Mäthner und Bachmann (2004) die Bedeutung der Coach-Coachee-Beziehung deutlich aufzeigen. Wie zufrieden die Coachees mit dem Coaching waren und wie hoch sie den Grad der Zielerreichung einschätzten, hing *vor allem* von der guten Beziehung zum Coach ab. Vertrauen, Sympathie, Offenheit und gegenseitige Wertschätzung tragen also wesentlich zum Erfolg von Coaching bei. Für die coachende Führungskraft bedeutet das, den Fokus auf die Ausgestaltung der Beziehungsebene zu legen, der Weg zu den Coachingthemen führt über die Beziehung. Die Balance zwischen Nähe und Distanz spielt hierbei eine entscheidende Rolle, weder zu große Nähe noch zu große Distanz sind hilfreich. Wieviel Nähe, Sympathie und Engagement für die Gestaltung der Coach-Coachee-Beziehung nötig ist, wird von Coachee zu Coachee unterschiedlich sein, hier gibt es keine starren Vorgaben. Im Gegenteil: Intuition und Flexibilität der coachenden Führungskraft sind gefragt.

4.3 Achtsamkeit

Achtsamkeit (engl. Mindfulness) wird von dem bekannten Molekularbiologen Jon Kabat-Zinn als „eine Form der Aufmerksamkeit (definiert), die sich auf den gegenwärtigen Moment bezieht und diesem, ohne zu werten, gegenüber steht" (Kabat-Zin 2006, S. 145). Achtsamkeit ist in den letzten Jahren im Mainstream der westlichen Gesellschaft angekommen und hat Einzug in die Managementliteratur gehalten (vgl. Von Schumann 2015). Achtsamkeit im Coachinggespräch zu praktizieren, bedeutet, nicht reflexartig zu reagieren, sondern erst einmal einen Schritt zurückzutreten und die passende kommunikative Reaktion zu erwägen. Diese sog. *Impulsdistanz* ermöglicht es dem Coach, eine Aussage des Coachees nicht aufgrund eigener, momentaner Bedürfnisse, Gefühle oder Interessen zu interpretieren, sondern die Antwort wohlüberlegt zu formulieren.

Wer achtsam kommuniziert, nimmt die innere Haltung des Anfängergeists ein. Im *Anfängergeist* zu kommunizieren bedeutet, in jeder Gesprächssituation achtsam und konzentriert zu sein, so als erlebte man diese Situation das erste Mal. Üblicherweise sind Interaktionen von Führungskräften in Meetings oder Gesprächen von Routine geprägt – aufgrund von Häufigkeit und Dauer dieser Regelkommunikation im Alltag einer Führungskraft erscheint das unvermeidlich. Im Coachinggespräch ist es wichtig, nicht „in Gedanken woanders" oder „noch nicht ganz da" zu sein. In einer achtsamen Gesprächshaltung wird eine authentische Präsenz im Gespräch vermittelt, wodurch sowohl die Effizienz als auch die Bindungsqualität steigen.

Extralosigkeit bedeutet, sich ganz auf den Kern einer Sache zu konzentrieren – ohne ergänzende oder begleitende Gefühle, Gedanken, Szenarien oder Assoziationen, die vom Wesentlichen ablenken. Wenn eine Führungskraft mit dieser Haltung zuhört, vermittelt sie Interesse am Anliegen, setzt beim Gesprächspartner Motivation und Kreativität frei. „Als Mensch gesehen werden" ist für viele Mitarbeiter ein wesentlicher Indikator für eine gute (Coaching-)Beziehung zur Führungskraft. Die innere Freiheit und Entspannung im Gespräch wächst, wenn die Beteiligten im Gespräch loslassen können. So wird zwar ein Ziel definiert, jedoch gleichzeitig neue Aspekte wahrgenommen und kreative Lösungen gefunden.

Hierzu lassen wir nochmals einen Seminarteilnehmer zu Wort kommen:

„In der Regel weiß ich schon nach wenigen Sätzen, was meine Mitarbeiter sagen wollen und wenn sie falsch liegen, dann unterbreche ich sofort und stelle die Sache richtig. Entsprechend kriege ich die Rückmeldung, ungeduldig und kritisch zu sein", beschreibt Patrick K. sein Kommunikationsverhalten. „Ich weiß nicht, ob ich so ein guter Coach sein kann? Obwohl, andererseits bin ich dafür bekannt, voll und ganz hinter meinem Team zu stehen und meine Mitarbeiter absolut zu fördern und weiterzuentwickeln." Im Seminar üben wir achtsame Gesprächsführung: Einfach nur beobachten, ohne gleich zu bewerten, dabei aber hoch konzentriert und fokussiert die verbalen Äußerungen und die nonverbalen Signale wahrnehmen. Und nicht sofort die eigene, möglicherweise anderslautende Meinung zu äußern. Die Umsetzung in der Kommunikationsübung – Patrick K. führt ein Coachinggespräch – funktioniert perfekt. Das positive Feedback von Trainern und Teilnehmenden anzunehmen, fällt ihm dagegen schwer. „Ich habe mich komisch gefühlt, echt ungewohnt, viel zu passiv". Die Videoaufzeichnung der Übung ist hochspannend für ihn, bemerkt er doch einen deutlichen Unterschied zwischen Selbstbild in der Übung und dem, wie er sich von außen wahrnimmt. „Stimmt, das wirkt sogar souverän und partnerschaftlich zugleich und am Ende habe ich tatsächlich das Committment des Rollenspiel-Mitarbeiters erhalten." Im zweiten Seminarmodul berichtet Patrick, dass er achtsame Kommunikation nicht nur in Einzelgesprächen, sondern auch in verschiedenen Meetings angewendet hat „und das war echt gut! Ich habe nicht sofort meinen Standpunkt vertreten, sondern erst mal die anderen reden lassen. Interessanterweise kamen dann unterschiedliche Argumente von verschiedenen Seiten, teilweise haben Teammitglieder meine Rolle des Kritikers übernommen. In einem Fall sind wir zu „meiner" schon von Anfang an präferierten Lösung gekommen, nur, dass alle das Gefühl hatten, dass es ihre eigene Idee war. In einem anderen Fall ist ein Kompromiss entstanden, mit dem ich auch gut leben kann und den meine Mitarbeiter für sehr kreativ halten und entsprechend motiviert umsetzen."

▶ Hinweise für achtsame Gesprächsführung im Mitarbeitercoaching:

- Schauen Sie hin. Nehmen Sie Haltung, Mimik, Gefühlsausdruck der Mitarbeiter bewusst wahr. Stichwort „einfach nur beobachten – nicht gleich werten"

- Hören Sie zu. Nehmen Sie bewusst wahr, was die Mitarbeiter sagen und auf welche Weise, mit welcher Tonlage sie dies tun. Wenn Sie nachfragen, stellen Sie offene, neugierige Fragen. (Anfängergeist einsetzen)

- Aktivieren Sie Ihren inneren Beobachter. Nehmen Sie ihre eigenen Gedanken, Gefühle oder Bewertungen wahr. Erkennen Sie diese, ohne sich von ihnen zu vorschnellen Reaktionen verleiten zu lassen. „Wahrnehmen und Loslassen".

Die zentralen Coachinginstrumente von Führungskräften

5.1 Aktives Zuhören

Der Begriff des aktiven Zuhörens wurde von *Carl Rogers (1985)*, dem bekannten Begründer der *Gesprächspsychotherapie* geprägt. Aktives Zuhören hat eine Reihe positiver Konsequenzen: Es führt zur Verbesserung der Beziehungsebene, ermöglicht ein tieferes Verstehen von Problemen und Sichtweisen des Gegenübers, fördert die Empathie und verringert Kommunikationsprobleme und Missverständnisse.

Aktives Zuhören beginnt in der *ersten Stufe* damit, *nonverbal Signale des Interesses und der Zuwendung* zu senden (Blickkontakt, Nicken). Im Coachinggespräch ist die *zweite Stufe* des aktiven Zuhörens, das *Paraphrasieren*, eine zentrale Technik. Paraphrasieren bedeutet, dass die Aussagen des Coachees in Abständen zusammengefasst werden. So lässt sich kontrollieren, dass dieser richtig verstanden wurde. Nonverbale Zuwendung und Paraphrasieren erzeugen beim Gegenüber den Eindruck von Interesse und Verständnis. Die *dritte und höchste Stufe* des aktiven Zuhörens nennt man *Verbalisieren*: Der aktiv Zuhörende verbalisiert die hinter der Sachaussage stehenden Gefühle des Coachees, die dieser nicht explizit äußert. An dieser Stelle wird durch aktives Zuhören die Selbstreflexion und Selbstklärung des Coachees gefördert und damit ein erster Entwicklungsschritt eingeleitet. Die Stufen des aktiven Zuhörens sind in Abb. 5.1 dargestellt:

Damit aktives Zuhören diese Wirkung entfalten kann, erfordert es, neben den oben beschriebenen Kommunikationstechniken eine Grundhaltung, die Rogers mit folgenden *drei Axiomen* charakterisiert:

1. Empathische und offene Grundhaltung
2. Authentisches und kongruentes Auftreten
3. Akzeptanz und positive Beachtung der anderen Person

© Springer Fachmedien Wiesbaden 2016
K. von Schumann, T. Böttcher, *Coaching als Führungsstil, essentials*,
DOI 10.1007/978-3-658-13023-7_5

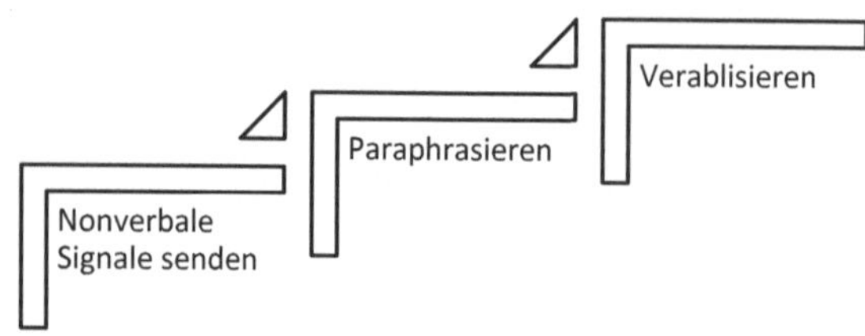

Abb. 5.1 Die Stufen des aktiven Zuhörens. (nach Rogers 1985, nach eigener Darstellung)

Diese Axiome entsprechen weitgehend den Coachingkompetenzen, die wir im vorangegangenen Kapitel beschrieben haben, Tools und Techniken greifen also ineinander, bedingen und fördern sich gegenseitig.

5.2 Fragen stellen und lösungsorientiert beraten

Das Motto „Wer fragt, führt!" gilt für die Gesprächsführung im Coaching in ganz besonderem Maße. Fragen ermöglichen eine gezielte Gesprächsführung und insbesondere offene Fragen können ein breites Spektrum an Antworten anregen und überlassen dem Coachee die Möglichkeit der Entscheidung, wie und mit welcher Tiefe er antworten möchte. Im Regelfall fördern offene Fragen auch die Beziehung zwischen den Gesprächspartnern.

Im Coachinggespräch sind vor allem offene W-Fragen empfehlenswert. *Beispiele* hierzu sind:

- „Was wären für Sie die wichtigsten Ziele im geplanten Veränderungsprozess?"
- „Wie könnten Sie diese Lösung konkret in Ihrem Projekt umsetzen?"
- „Was hat Sie bisher daran gehindert, das Gespräch mit den Prozesspartnern aktiv zu suchen?"

In der Praxis neigen sehr viele Führungskräfte dazu, eher weniger und geschlossene Fragen bei vergleichsweise hohem eigenem Redeanteil zu stellen. Offenes Fragen erfordert gezieltes Training und Übung. Werden offene Fragen als Technik (miss-)braucht, fühlt sich der Coachee in eine Verteidigungshaltung gedrängt. Er rechtfertigt sein Verhalten, statt in die Lösungssuche zu gehen. Daher sind insbesondere „Wieso" und „Warum" Fragen zu vermeiden, die sehr leicht als Vorwurf verstanden werden können. Entscheidend ist wiederum, dass der Technik eine authentische und achtsame Haltung zugrunde liegt. In dieser Haltung ist die coachende Führungskraft mit der Aufmerksamkeit und Empathie beim Coachee und kann somit ein ausgewogenes Maß an Fragen stellen einerseits und Selbstoffenbarung andererseits finden.

Grundkompetenzen im *systemischen Fragen* und in der *lösungsorientierten Beratung* sind hilfreich für coachende Führungskräfte. Der systemische, lösungsorientierte Beratungsansatz (vgl. z. B. von Schlippe et al. 2003) hat inzwischen im Businesscoaching seinen festen Platz. Im Coaching ist es häufig so, dass sich der Coachee auf die Problemsicht fokussiert und seine Fähigkeiten nicht mehr sieht. Coaching bedeutet daher in der *lösungs- und ressourcenorientierten Haltung*, den „Scheinwerferkegel", d. h. die Aufmerksamkeit wieder zu erweitern bzw. umzulenken und die positiven Ressourcen in den Fokus zu nehmen und auszubauen. In dieser Haltung – und wieder ist es die Haltung, und nicht allein die Technik, die zählt! – versteht sich die coachende Führungskraft als Förderer, berufliche Ziele zu konkretisieren, als Aktivierer von Ressourcen, Stärken und Fähigkeiten und als Unterstützer von jeder Form von Selbstwirksamkeit.

▶   *Zehn Beispielfragen* für ein lösungsorientiertes Coachinggespräch
   1. „Angenommen Sie könnten nach unserer Session sagen, dass das Coaching sehr gut war – was müsste dann anders sein als jetzt?"
   2. Woran würden Sie konkret merken, dass das Thema XY gut läuft?
   3. Was machen Sie anders, wie sieht die Gesamtsituation anders aus – konkret?
   4. Woran würden andere merken, dass das Thema gut läuft?
   5. Was könnte evtl. Unangenehmes da sein, auftauchen, wenn das Problem gelöst ist? Und wie könnten Sie es schaffen, damit umzugehen?
   6. Welche Ihrer Fähigkeiten haben Sie bisher eingesetzt, um das Problem zu lösen?
   7. Welche Versuche haben Sie bereits unternommen? Was war dabei bisher hilfreich – was nicht?
   8. Was blockiert die Lösung bislang? Welche Hindernisse gibt es?
   9. Was könnten erste, kleine, gangbare Schritte zur Lösung, zum Ziel sein?
   10. Bis wann könnten Sie, einen solchen kleinen Schritt versuchen? Wer oder was könnte Sie dabei unterstützen?

5.3 Feedback geben

Der englische Begriff Feedback bedeutet so viel wie *Rückkopplung*. Von den Sozialwissenschaften auf die allgemeine Theorie menschlichen Verhaltens übertragen, wird Rückkopplung als Korrektur von Verhaltensweisen verstanden. Die Entwicklung des sozialwissenschaftlichen Feedback-Konzepts begann schon Mitte der

1990er Jahre (vgl. Fengler 2004) und es fand anschließend sowohl im angloamerikanischen als auch im deutschen Sprachraum zunächst im Rahmen gruppendynamischer Seminare als Verfahren der Verhaltensänderung Anwendung. Seit etwa zwei Jahrzehnten ist das Feedbackkonzept auch in der Führungs- und Unternehmenspraxis fest verankert. Eine Feedbackkultur wird in vielen Unternehmen angestrebt, in einigen auch gelebt. Die Anwendung von Feedbackinstrumenten gehört sowohl zum Führungsalltag als auch zur Praxis des Businesscoachings (vgl. von Schumann 2011). Feedback zu geben, ist eine zentrale Coachingkompetenz und dient hier insbesondere dazu, den sogenannten blinden Fleck (siehe Kasten …) zu verringern. Im Feedback werden veränderbare Verhaltensweisen oder modifizierbare Umstände nicht wertend beschrieben. Die coachende Führungskraft schildert ihre Wahrnehmungen und Beobachtungen und wie das Verhalten des Mitarbeiters auf sie wirkt. Hierbei gilt es, sowohl veränderndes als auch beibehaltendes Feedback zu geben. Positive Rückmeldungen sind motivierend, machen Lern- und Entwicklungsfortschritte deutlich und erlauben die Verstärkung erwünschten Verhaltens. Dieser Prozess gelingt umso besser, je differenzierter die Selbstwahrnehmung der coachenden Führungskraft – ebenfalls durch das Einholen und Annehmen von Feedback – ausgeprägt ist (siehe Kap. 4.2.).

▶ **Johari Fenster** Das Johari-Fenster ist ein nach den beiden Autoren Jo Ingram und Harry Luft benanntes Modell, das die Veränderungen von Selbst- und Fremdwahrnehmung im Verlauf des Feedbackprozesses darstellt. Die Grafik (s. Abb. 5.2) ist in vier Felder unterteilt und jedes dieser Felder stellt einem bestimmten Verhaltensbereich der Person dar. Der Bereich des offenen Selbst bezieht sich auf Sachverhalte und Verhaltensweisen, die sowohl der Person selbst als auch anderen bekannt sind. Der sogenannte „Schein"-Bereich verkörpert den Verhaltensbereich, der einer Person selbst bekannt und bewusst ist, anderen aber nicht zugänglich gemacht wird und daher verborgen bleibt. Als „blinden Fleck" bezeichnet man Verhaltensanteile, die für andere sichtbar, der Person selbst aber nicht bekannt oder bewusst sind. Durch Feedback lässt sich dieser blinde Fleck verringern, d. h. die Selbsteinsicht erhöhen. Diese verbesserte Selbstwahrnehmung ermöglicht eine bewusste Steuerung oder Veränderung des entsprechenden Verhaltens. Das vierte und letzte Quadrat in diesem Modell umschließt Vorgänge, die man im Rahmen der Tiefenpsychologie, aber inzwischen auch landläufig als „Unbewusstes" bezeichnet und die im professionellen Kontext des Unternehmenscoachings keine Thematisierung erfahren.

		Anderen: bekannt	Anderen: unbekannt
Einem Selbst	bekannt	**1. Offenes Selbst** Bereich der freien Aktivität	**2. „Schein"- Bereich** Bereich des Vermeidens und Verbergens
	unbekannt	**3. Blinder Fleck** Verhaltensweisen, Einstellungen, Gefühle und Motive - die ich nicht wahrnehme, die aber andere erkennen	**4. Absolut Unbekanntes** Prozesse, in die ich selbst, aber auch andere keinen Einblick haben.

Abb. 5.2 Das Johari-Fenster. (Luft und Ingham 1955, S. 34, nach eigener Darstellung)

Ausblick: Vom Führungsstil zur Coachingkultur 6

Coaching als Führungsstil passt in die Zeit: Führungskräfte müssen heute durch ihre Persönlichkeit überzeugen, Leistungsfähigkeit und Selbstverantwortung ihrer Mitarbeiter individuell fördern und Talente entdecken und entwickeln. Coaching durch den Vorgesetzten lässt sich im Modell der transformationalen Führung verorten, einem auf Veränderung ausgerichteten Führungsstil, dessen zahlreiche und vielfältige positive Konsequenzen empirisch umfassend erforscht und belegt sind.

Wenn transformationale Führung so wirksam ist, sollten dann nicht auch Beziehungen unter Kollegen auf Veränderung und Wachstum ausgerichtet und coachingorientiert sein? Dadurch würde eine Organisationskultur entstehen, die es allen Mitgliedern erlaubt, sich zu entwickeln und maximale Leistungskraft zu entfalten. In solch einer organisationalen Coachingkultur coachen sich die Menschen ganz selbstverständlich gegenseitig, als Bestandteil von Meetings und Eins-zu-eins-Gesprächen jedweder Art. Dies stärkt die Beziehungen, die Motivation und die Arbeitszufriedenheit aller (Hardingham et al. 2004).

> **Fallbeispiel**
>
> „Einmal im Quartal muss ich unsere Ergebnisse im Board präsentieren", erzählt Dave, Mathematiker und Topspezialist bei einem internationalen Versicherungskonzern, „und meine Power Point Folien waren früher ein ziemliches Desaster. Ich bin einfach überhaupt kein visueller Typ, sondern durch und durch Zahlenmensch. Letztes Jahr hat mich ein junger Kollege nach der Präsentation zur Seite genommen und mir seine Hilfe angeboten. Wir haben uns zusammengesetzt und er hat mir ein paar Kniffe gezeigt, z. B. dass ich die Hauptaussage einer Folie schon in der Überschrift zusammenfassen und mich bei der Vorbereitung in die Perspektive jedes der drei Boardmembers versetzten soll. Dann hat er mir angeboten, dass ich ihm die nächste Präsentation vorab schicken

© Springer Fachmedien Wiesbaden 2016
K. von Schumann, T. Böttcher, *Coaching als Führungsstil,* essentials,
DOI 10.1007/978-3-658-13023-7_6

könne. Das hab ich auch gemacht, es ging dann noch zweimal hin und her, aber dann hatte ich's kapiert. Und seither immer positive Rückmeldung von der Geschäftsführung erhalten – der Kollege hat mich wirklich prima gecoacht!"

Coaching ist – natürlich – viel mehr als punktuelle kollegiale Unterstützung, nämlich ein ganzheitlicher Ansatz, um die Potenziale von Menschen und damit auch von Organisationen freizusetzen. Eine Reihe von Themen wird allgemein mit einer Coachingkultur verbunden bzw. als Voraussetzung für diese erachtet (Gormley und van Nieuwerburgh 2014). So ist Coaching ein integraler Bestandteil dessen, wie die Organisation ihre Mitglieder entwickelt. Weiterhin könnte und sollte es in das bestehende Performance Management und in die Feedbackprozesse integriert werden. Durch dieses klare Bekenntnis zu Coaching, die Integration in formale Prozesse wie auch die Förderung informeller Ansätze wird ein klares Commitment zum Wachstum von Individuen innerhalb von Organisationen demonstriert.

Selbstverständlich gelingt dieser Kulturwandel nicht über Nacht. Ein allgemein akzeptierter, erster Schritt um eine Coachingkultur zu entwickeln besteht darin, Führungskräfte in Coachingfähigkeiten zu trainieren (Anderson und Anderson 2005) – also den coachingorientierten Führungsstil zu fördern und zu entwickeln. Das vorliegende Essential möchte einen Beitrag leisten, diese Entwicklung zu unterstützen.

Was Sie aus diesem Essential mitnehmen können

- Kenntnis der nachweislich positiven Effekte von Coaching als Führungsstil
- Klarheit über Ihre eigenen Stärken und Entwicklungsfelder als coachende Führungskraft
- Praktische Tools und Anregungen zur Durchführung von Mitarbeitercoachings

© Springer Fachmedien Wiesbaden 2016
K. von Schumann, T. Böttcher, *Coaching als Führungsstil,* essentials,
DOI 10.1007/978-3-658-13023-7

Quellenverzeichnis

Ashforth, B. E., Kreiner, G. E., & Fugate, M. (2000). All in a day's work. Boundaries and micro role transitions. *Academy of Management Review, 25*(3), 472–491.

Bass, B. M. (1985). *Leadership and performance beyond expectations*. New York: Free Press.

Bass, B. M., & Avolio, B. J. (1990). *Transformational leadership delevopment: Manual for the multifactor leadership questionnaire*. Palo Alto: Consulting Psychologist Press.

Bass, B. M., & Avolio, B. J. (1994). *Improving organizational effectiveness through transformational leadership*. Thousand Oaks: Sage.

Bass, B. M., & Avolio, B. J. (1995). *MLQ Multifactor Leadership Questionnaire. Technical report*. Redwood City: Mind Garden.

Dörr, S. L. (2006). Motive, Einflussstrategien und transformationale Führung als Faktoren effektiver Führung Ergebnisse einer empirischen Untersuchung mit Führungskräften. Dissertation. http://pub.uni-bielefeld.de/publication/2304840. Zugegriffen: 27. Juli 2015.

Dvir, T., Eden, D., Avolio, B. J., & Shamir, B. (2002). Impact of transformational leadership on follower development and performance. A field experiment. *Academy of Management Journal, 45*(4), 735–744.

Felfe, J. (2006). Validierung einer deutschen Version des „Multifactor Leadership Questionnaire" (MLQ Form 5 x Short) von Bass & Avolio (1995). *Zeitschrift für Arbeits- und Organisationspsychologie, 50*(2), 61–78.

Felfe, J., & Golhl, K. (2002). Deutscher Multifactor Leadership Questionnaire (MLQ). In D. Danner & A. Glöckner-Rist (Hrsg.), *Zusammenstellung sozialwissenschaftlicher items und skalen*. Mannheim: GESIS. http://www.gesis.org/zis/.

Fengler, J. (2004). *Feedback geben. Strategien und Übungen*. Weinheim: Beltz.

Gläsgen, M. (2015). Ohne Maske. Süddeutsche Zeitung vom 03.04.2015, http://www.sueddeutsche.de/karriere/fuehrungskraefte-ohne-maske-1.2419589. Zugegriffen: 14. Dez. 2015.

Goihl, K. (2003). Transformationale Führung. Implikationen für die lernende Verwaltung. Berlin. http://www.diss.fu-berlin.de/diss/receive/FUDISS_thesis_000000001089, Zugegriffen: 27. Juli 2015.

Goleman, D. (2002). *Emotionale Führung*. München: Econ Ullstein List Verlag.

Gormley, H., & Nieuwegburgh, C. (2014). Developing coaching cultures. A review of the literature. *Coaching An international Journal of Theory, Research and Practice, 7*(2), 90–101. doi:10.1080/17521882.2014.915863

© Springer Fachmedien Wiesbaden 2016

K. von Schumann, T. Böttcher, *Coaching als Führungsstil*, essentials,
DOI 10.1007/978-3-658-13023-7

Gegory, B., Harris, S., Armenakis, A., & Shook, C. (2009). Organizational culture and effectiveness. A study of values, attitudes, and organizational outcomes. *Journal of Business Research, 62*(7), 637–679.

Hardingham, A., Brearley, M., Moorhouse, A., & Venter, B. (2004). *The coach's coach: Personal development for personal developers*. London: CIPD.

Jansen, A., Mäthner, E., & Bachmann, T. (2004). *Erfolgreiches Coaching. Wirkfaktoren im Einzel-Coaching*. Kröning: Asanger.

Judge, T. A., & Piccolo, R. F. (2004). Transformational and transactional leadership: A meta-analytic test of their relative validity. *Journal of Applied Psychology, 89*(5), 755–768.

Kabat-Zinn, J. (2006). *Zur Besinnung kommen*. Freiamt: Arbor.

Landy, F. J. (2006). The long, frustrating, and fruitless search for social intelligence. A cautionary tale. In K. R. Murphy. (Hrsg.), *A critique of emotional intelligence* (S. 81–124). Mahwah: Lawrence Erlbaum Associates.

Luft, J., & Ingham, H. (1955). *The Johari window, a graphic model of interpersonal awareness*. Proceedings of the western training laboratory in group development, Los Angeles: UCLA.

Matthews, G., Zeidner, M., & Roberts, R. D. (2007). Emotional intelligence. Consensus, controvercies, and questions. In G. Matthews, M. Zeidner, & R. D. Roberts (Hrsg.), *The science of emotional intelligence* (S. 3–46). New York: Oxford University Press.

Morhart, F., Jenewein, W., Herzog, W., & Brösamle, S. (2012). Guter Chef, gute Verkäufer. *Harvard Business Manager, 9*, 44–46.

Nerdinger, F. W. (2008). *Grundlagen des Verhaltens in Organisationen*. Stuttgart: Kohlhammer.

Niehaus, G. (2004). Führungsstil. Vom Chef zum Coach. *Wirtschaft Aktuell, 9*, 1.

Rauen, C. (2014). *Coaching*. Göttingen: Hogrefe.

Rogers, C. R. (1985). *Die nicht-direktive Beratung. Counseling and Psychotherapy*. Frankfurt am Main: Fischer.

Schaper, N. (2011). Wirkungen der Arbeit. In F. W. Nerdinger, G. Wlickle, & N. Schaper (Hrsg.), *Arbeits- und Organisationspsychologie* (S. 474–495). Springer: Heidelberg.

Schwittala, J., von Schumann, K., & Thiel, T. (2010). Coaching für die Besten. *Personal Heft, 1*, 40–42.

Spreitzer, G. M. (1995). Psychological empowerment in the workplace: Dimensions, measurement, and validation. *Academy of Management Journal, 38*(5), 1442–1465.

Von Schlippe, A., Schweitzer, J., & Stierlin, H. (2003). *Lehrbuch der systemischen Therapie und Beratung*. Göttingen: Vandenhoeck & Ruprecht.

Von Schumann, K. (2011). Dritte Dimension im Coaching durch verbales und individualisiertes 360-Grad-Feedback. *Coaching Magazin, 3*, 29–22.

Von Schumann, K. (2014). *Coaching im Aufwind. Professionelles Business-Coaching. Inhalte, Prozesse, Ergebnisse und Trends*. Wiesbaden: Springer.

Von Schumann, K. (2015). Management by Mindfulness. Blog. http://www.management-by-mindfulness.de/. Zugegriffen: 15. Juli 2015.

Von Schumann, K., & Steininger, T. (2005). Wann ist Coaching erfolgreich? *managerSeminare, 90*(9), 4–7.

Wang, X.-H., & Howell, J. M. (2010). Exloring the dual-level effects of transformational leadership on followers. *Journal of Applied Psychology, 95*(6), 1134–1144.

Walumbwa, F. O., Avolio, B. J., Gardner, W. L., Wernsing, T. S., & Peterson, S. J. (2008). Authentic leadership: Development and validation of a theory-based measure. *Journal of Management, 34*(1), 89–126. doi:10.1177/0149206307308913

Woschée, R., Böttcher, T., Faust, J., Vollstedt, A., & Arendt, J. (2015). Die Bedeutung transformationaler Führung auf Individual- und Teamebene für das innovative Arbeitsverhalten der Mitarbeiter. Ergebnisse einer Multi-Level-Studie. *9.Fachgruppentagung Arbeits-, Organisations- und Wirtschaftspsychologie am 24. – 26.September 2015.*

Yukl, G. (2002). *Leadership in Organizations.* London: Prentice-Hall.